AF253987

JUSTE DE LA TOUR-MAUBOURG

TUÉ AU COMBAT DE BELLEGARDE,

LE 24 NOVEMBRE

1870.

« On ne craint pas la mort
quand on a l'âme tranquille. »

LE

NÉCROLOGE DE LA GUERRE

❦

JUSTE DE LA TOUR-MAUBOURG

Deux mois se sont à peine écoulés depuis le jour où, en remettant aux jeunes mobiles de la Haute-Loire le drapeau que leur offrait la ville du Puy, on leur disait :

« Ce drapeau, qui vous devient cher et sacré dès aujourd'hui et que nous suivrons, nous, de nos vœux les plus ardents, nous le reverrons, c'est notre ferme espoir, — nous le reverrons vainqueur !

« Qu'il soit usé, troué, mutilé ; qu'il n'en reste plus qu'un tronçon, qu'il n'en reste plus qu'un lambeau ! mais qu'il revienne ! Qu'il revienne salué de tous sur son passage à travers les chemins du retour ! — Qu'il revienne pour être accueilli surtout par nous avec orgueil, pour être acclamé de cette foule dont tous les cœurs vous accompagnent !

« Qu'il revienne béni de la France et de Dieu, du Dieu qui mit dans toutes les âmes généreuses l'amour sacré, l'amour ardent, invincible, indomptable de la Patrie, de l'indépendance et de la liberté!... »

Mais à l'heure de ces mâles adieux, tandis que les mères elles-mêmes avaient le patriotique courage d'étouffer leurs sanglots, lorsque nous affirmions qu'il reviendrait, ce drapeau béni, cher à tous, le drapeau de nos braves mobiles, nous savions, sans le dire, nous savions trop que plusieurs, hélas! ne reviendraient pas avec lui, de ceux auxquels il était confié.

* *

Oui! nous l'espérons toujours, il reviendra ; nous le reverrons triomphant, honoré, consacré par le péril, et devenu plus précieux dans l'épreuve ; mais il aura été teint du sang généreux de plusieurs. Nous le saluerons, nous l'acclamerons au retour ; mais saluons aussi, saluons en attendant ceux dont la vie s'est prodiguée pour sa défense, ceux dont le cœur a cessé de battre pour préserver l'intégrité de son honneur, pour sa bonne renommée, pour sa gloire. Saluons tous ceux qui, durant cette effroyable guerre, dans quelque légion et sous quelque uniforme que ce puisse être, ont su mourir pour la patrie.

Nous avons déjà commencé de remplir pour d'autres un devoir semblable.

Il y a peu de jours encore, au nom du pays, nous adressions l'adieu suprême à un jeune et ardent officier qu'une vocation enthousiaste avait jeté, plein de joie et de confiante espérance, contre la gueule des canons ennemis.

Plus récemment, nous venons d'esquisser la mâle et austère figure d'un brave officier supérieur qui, jeune encore, avait une vie déjà pleine ; et dont le passé semblait le présage assuré d'un grand avenir, quand tout avenir lui a été brusquement ravi.

Nobles morts ! Courages justement admirés ! Spécimens accomplis de l'héroïsme militaire !

Aujourd'hui nous voulons, — déjà trop tardivement, sans doute, — payer la même dette à un autre héros de vingt ans, dont l'abnégation résolue et la bravoure intrépide sont un exemple aussi ; exemple d'un ordre différent, mais non moindre.

*
* *

Celui-là, c'est le premier officier de notre garde mobile qui soit tombé sur le champ de bataille.

Celui-là, ni ses goûts, concentrés avec une prédilection si particulière dans les joies de l'intérieur et les affections de la famille, ni les études de son choix, ni les préparations de sa jeunesse ne semblaient le dévouer par avance aux chances fatales et aux immolations précoces de la guerre.

Dans l'ordre des prospérités humaines, il avait tout pour lui.

L'illustration du nom, les gages complets d'un avenir pour ainsi dire tout fait, la fortune personnelle venue avant l'âge où elle est d'ordinaire acquise, les séductions d'un extérieur heureux, avec la douceur et l'aménité qui en rehaussent le charme ; une intelligence digne de tous ces dons ; tout ce qui paraît certain, suivant nos courtes certitudes ; tout ce qu'on croit assuré, autant que chose le soit au monde ; il avait tout, tout lui semblait promis, tout semblait lui sourire. — Il avait tout, — hormis ce lendemain, mystère ailé, fugitif, impalpable comme le mirage, et sur lequel la main de l'homme ne se pose jamais à coup sûr ; hormis ce lendemain qui n'appartient qu'à Dieu !

Et de même que les signes trop visibles du commandement, de même que l'or et les broderies des grades élevés appellent, on le sait, la balle du tireur ennemi, ne dirait-on pas que l'éclat d'une destinée ainsi privilégiée dès le début, ait désigné particulièrement le jeune homme à qui nous consacrons ces pages, l'aient désigné le premier aux implacables préférences de la mort ?

* * *

Juste de La Tour-Maubourg, né le 27 juillet 1850, et le seul rejeton mâle de sa branche, était ainsi l'un des derniers membres d'une famille que l'histoire nous montre mêlée, depuis l'ère des croisades, souvent aux grandes œuvres de la vie nationale, et toujours aux destinées de notre Velay.

Sur la tête de ce jeune homme reposaient donc, en grande partie, les espérances des Fay de La Tour-Maubourg, dont il semblait qu'il pût être appelé par son âge à devenir un jour le représentant le plus direct.

Son enfance s'écoula tout entière sous l'égide maternelle ; et sans s'éloigner des affectueuses protections du foyer, il dut à deux ecclésiastiques distingués la direction de ses premières études. Plus tard, il les continua dans la pension de M. Duplay, pension voisine de l'hôtel qu'habitait à Paris sa famille, où les sollicitudes quotidiennes de celle-ci devaient le suivre, et où il retrouvait le souvenir de plusieurs de ses proches.

Cette paisible et studieuse jeunesse n'eut pas d'autres événements que les accidents divers et les épreuves de santé par où passe l'enfance pour arriver à l'adolescence, et qui, ce semble, servent uniquement à faire mieux comprendre encore à de tendres parents, quelle place tiennent dans leur vie ces jeunes existences dans lesquelles nous voulons, nous espérons tous revivre.

Aimer d'autant plus qu'on se sent plus aimé, doux, facile et presque unique emploi des enfances heureuses; telle fut l'heureuse enfance de Juste de La Tour-Maubourg.

*
* *

Durant la période de son éducation où il eut, dans le pensionnat, à lutter d'intelligence, d'application et d'efforts avec de jeunes condisciples auxquels il devait rester toujours cher, les succès scolaires, ces joies innocentes qui stimulent si vivement les premières ambitions des mères, ne lui avaient pas manqué; aussi put-il subir avec éloge l'épreuve toujours redoutée du baccalauréat.

Puis, sans cesser un seul instant d'être docile aux inspirations de sa famille, sans se laisser détourner, à Paris, par l'attrait des plaisirs, sans payer le tribut ordinaire à la vingtième année qui allait venir, il étudia le droit et passa avec honneur ses premiers examens.

Une fortune personnelle imprévue, une succession inattendue lui avaient fait une position de jeune homme à part. Cet événement, secondaire à ses yeux, n'avait en rien modifié ses dispositions, ni ses habitudes ; rien ne fut changé dans la simplicité et la modération de ses goûts. A peine s'était-il enquis de ce qu'était le riche héritage qui lui était survenu. Les vives tendresses dont il était entouré, les bonheurs du foyer domestique, les douces effusions de cœur entre lui et les siens, c'étaient là les joies graves, les seuls vrais trésors qui dussent à ses yeux compter sérieusement dans une existence.

Tel il était arrivé à vingt ans, bon, affectueux, sympathique à tous, fidèle sans ostentation comme sans faiblesse aux convictions religieuses qui, ouvrant à la pensée humaine les perspectives de l'infini, donnent, même à la vie ordinaire, sa noble part d'idéal, et le jour des grands devoirs venus, font aussi des héros.

Ce jour des grands devoirs, il allait venir. La guerre éclate, la défense du pays appelle ses enfants au danger.

Juste de La Tour-Maubourg n'a pas besoin de se rappeler tous ceux de son nom qui lui ont légué de glorieux exemples et dont le souvenir vit avec tant d'honneur dans nos fastes militaires ; il n'a pas besoin d'ouvrir un livre héraldique pour y prendre une mâle leçon ; le conseil viril est dans son cœur ; il n'a pas à s'inspirer d'autre chose.

Du château de Maubourg, où il avait commencé ses vacances, il écrit, à Paris, à son père, qu'il doit et qu'il veut par conséquent s'engager, devancer l'appel de sa classe, partir et partir sans retard. Il veut surtout partir ; il sait, il sent d'instinct qu'il ne doit pas rester oisif quand l'heure du péril a sonné ; et c'est au moment où, suivant son désir, son admission dans un régiment de cavalerie se prépare, c'est alors qu'un grade dans la garde mobile de la Haute-Loire lui échoit.

Ce grade dont il allait être, hélas ! et pour trop peu de temps si fier, il l'accepte avec joie ; c'est la route toute grande ouverte à son courage et à son patriotisme. Voulant, en homme de cœur, marcher à l'ennemi, il sera heureux d'y marcher avec des compatriotes, et de resserrer de la sorte les liens qui l'attachaient si étroitement à ce cher pays du Velay.

S'élancer ainsi sur le champ de bataille, *en famille,* comme il l'avait écrit, tel était le vœu, telle était l'espérance de cette âme modeste et ferme à la fois, que le sentiment du devoir élevait à la hauteur des plus mâles résolutions et remplissait d'une satisfaction austère.

*
* *

Ces nobles dispositions, on les retrouve dans toute leur énergie et leur simplicité, on les retrouve empreintes d'un héroïsme qui semble s'ignorer lui-même, en lisant cette lettre si filiale, si chrétienne, qui fut pour lui la lettre des vrais adieux, qu'on regrette de ne pouvoir reproduire ici tout entière, mais à laquelle il faut au moins emprunter ces deux phrases :

« Cher papa, j'étais trop ému hier pour vous faire un adieu comme je l'aurais voulu... Laissez-moi vous dire une fois de plus, cher papa, combien je vous aime tous, maman et Nancy.

« ...Autant je suis fier d'aller défendre mon pays, autant je suis navré de vous quitter. Mais soyez sûr que, quoi qu'il arrive, et où que je sois, je me souviendrai du nom que je porte, et de ce qu'ont su faire avant moi les miens...

« ... Si cependant je devais succomber, vous n'aurez pas à rougir de votre fils, je saurai tomber *la tête haute et la poitrine en avant*. Je m'en sens le courage et ce sera sans terreur de la mort, car je vous le jure ici, avant d'aller au feu, j'aurai réglé mes comptes avec le Seigneur..... »

Cette lettre, on le voit assez, s'adresse exclusivement, sans la moindre jactance et sans nulle préoccupation étrangère, au cercle étroit et intime de la famille. La bravoure naïve, la foi religieuse, aussi dénuée d'ostentation que de respect humain, parlent à la famille le langage du cœur ; et cette expansion si sincère semble faite pour le demi-jour des confidences du foyer. Mais celui qui avait écrit ces lignes pour les siens, n'eût point été troublé à l'idée de proclamer devant tous la fermeté de ses immortelles espérances.

Voilà dans quelles dispositions ce jeune homme allait marcher au danger, profondément ému sans doute en pensant aux affections qu'il quittait, mais visiblement et intrépidement résolu, visiblement prêt pour bien faire et au besoin pour bien mourir.

*
* *

Il partit, se vouant de tout cœur à la virile confraternité de l'épée; il traversa les rudes épreuves de l'entrée en campagne, et vécut de la vie commune des camps, autant qu'il le fallait pour que ses nouveaux camarades dussent tous, sans exception, devenir ses amis.

Jeunes officiers, jeunes soldats, les égaux comme les inférieurs, tous purent, en si peu de jours, apprécier ses loyales vertus. Tous comprirent en même temps qu'une intrépidité calme et réfléchie rehaussait dans cette nature, de tout point généreuse, les plus excellentes qualités privées, la cordialité, le dévouement, l'abnégation sans réserve.

Cette opinion arrêtée sur le compte de Juste de La Tour-Maubourg, elle se révèle uniformément dans toutes les lettres qui ont parlé de lui, et dans le souvenir fidèle de ceux que les accidents de la guerre ont déjà ramenés.

Mais pourquoi insister plus longuement sur tout ceci que personne n'ignore? L'événement fatal est proche et il y faut bien venir.

Nous sommes au 24 novembre. L'heure de la bataille a sonné. Ce sera la bataille de Bellegarde. Les mobiles de la Haute-Loire vont au feu pour la première fois.

Nos mobiles et des zouaves, moins de mille hommes sans doute, ont été envoyés en avant-garde. On ne songeait certes point à lenr demander de lutter indéfiniment contre toute une armée. Ils devaient résister quelque temps ; retarder l'ennemi, l'arrêter en un point donné, et se replier ensuite. Ils firent énergiquement ce qui leur était demandé. Ils soutinrent le premier choc d'un corps (dix mille hommes peut-être) dont le nombre augmentait à chaque instant. Puis eut lieu la retraite ; une de ces retraites prévues, voulues d'avance ; un de ces reploiements dont on a trop médit, et auxquels nous avons dû plus d'une fois, il est permis de le croire, le salut de nos jeunes armées.

Mais revenons à La Tour-Maubourg. L'heure de la bataille, ai-je dit, a sonné. Le feu commence ; les décharges multipliées retentissent. Juste est là où il doit être et comme il y doit être ; il est au premier rang ; il marche, ainsi qu'il l'a bien dit, *la tête haute et la poitrine en avant.*

Puis, quand la retraite s'effectue, il fait face encore à l'ennemi.

Le voilà fidèle à lui-même, fidèle à son nom, fidèle à toutes ses promesses ; il est en plein dans l'accomplissement du devoir, digne de tout éloge devant les hommes, en paix avec son Dieu, en règle avec l'éternité. Une balle l'atteint au cœur, il tombe foudroyé.

---

*
* *

Maintenant, il faut certainement ici des témoignages ; il faut la preuve que tout ce qui vient d'être dit de ce noble jeune homme est vérité.

Mais quels témoignages plus concluants, quelles preuves plus incontestables que l'explosion unanime des regrets de tous ses camarades? Quelle plus touchante oraison funèbre que ce cri spontané d'une douleur fraternelle profondément sentie? Qu'on relise ces lignes écrites, pour ainsi dire, sur le champ de bataille et en présence du spectacle navrant que la mort vient de faire.

« ... La mitraille, les balles, la canonnade, écrit le lieutenant Vallat, faisant fonctions de capitaine, ont alors redoublé, et à ce moment mon sous-lieutenant de Maubourg a été tué d'une balle en pleine poitrine...

« Hélas! ajoute ce brave cœur, cet excellent camarade, hélas! voilà deux jours que je pleure ce pauvre La Tour-Maubourg qui était un si brave et si bon garçon ... »

« ... M. de Maubourg, dit un autre, a été frappé d'une balle qui lui a percé le cœur... Il a emporté les regrets de tous ses camarades... »

« ...Il savait se faire tout à tous, dit M. Massardier,

le digne et courageux aumônier;... M. de Maubourg est mort en bon soldat, et je puis ajouter en bon chrétien. »

Tel est aussi le langage des camarades qui ont eu à donner les derniers adieux à sa tombe.

*
* *

A ces témoignages, dont l'authenticité n'est pas discutable et dont l'autorité ne saurait être suspecte à personne, que pouvons-nous ajouter nous-même, nous, écho convaincu, mais lointain, d'un sentiment général qui s'affirme si haut?

Prenons acte, — en cela consiste simplement notre tâche, — prenons acte de ces loyales dépositions.

Les témoins sont des camarades ou compagnons de guerre conquis par une sympathie irrésistible, impérieuse, absolue, et tous, il faut le répéter, devenus des amis.

Les frères d'armes d'un mort regretté ont signé pour l'honneur de sa mémoire ce brevet de valeur militaire et de valeur morale à part, voulant attester, honorer, glorifier avec toute équité et justice, l'élévation du cœur, dans toutes les acceptions les plus nobles de ce grand mot : LE CŒUR.....

* *
*

On sait à présent, on sait ce qu'était Juste de La Tour-Maubourg ; on voit, hélas ! aussi ce qu'ont perdu en le perdant ceux qui le pleurent, — ceux surtout qui le pleureront toujours !

Si les amis ont eu peine à se consoler, que dire à plus forte raison de la famille ?

Oui, il y a la famille aussi ! Il y a un père, une mère, une sœur.

Et à ceux-là, qui donc croirait possible, qui donc croirait permis d'offrir une consolation d'un ordre purement humain ?

Les joies amères du sacrifice, les hautes et sévères satisfactions qu'une famille chrétienne peut trouver encore dans une telle mort, elles cherchent, elles trouvent leur aliment plus haut que la terre ; et nulle voix, pour en parler dignement, n'aurait l'éloquence intime d'un respectueux silence.

Bornons-nous à répéter encore :

Il y a un père, un père foudroyé au beau milieu de la vie, un père à qui ce fils, tout affection et tout cœur, écrivait ceci :

« Cher, cher et adoré père, chère maman et chère sœur.

« .... Laissez-moi vous dire, une fois de plus, combien je vous aime tous. »

Un père qui lui-même avait le droit d'écrire au sujet de ce fils :

« ...Je veux que nos compatriotes sachent ce qu'un enfant de notre Haute-Loire avait au cœur de foi, de grandeur, de courage, de dévouement et de patriotisme, d'amour filial..... Je ne doute pas de votre estime pour mon glorieux fils... Chargez-vous donc de cette publication...; votre cœur de père vous inspirera... »

« Je cède, en vous écrivant ces lignes au milieu de mon affreuse douleur, à un sentiment que je ne peux maîtriser. Est-ce de l'orgueil? Dieu me le pardonnerait, j'ai le droit d'en avoir, j'ai le droit d'être fier dans mon infortune... »

Il y a une mère dont les actives sollicitudes et les nobles leçons avaient formé avec amour cette nature généreuse en qui se mariaient harmonieusement, on l'a bien vu, bonté, résolution et droiture.

Il y a une sœur, une jeune et tendre sœur, qui s'étonne, au milieu du grand deuil de tous, qui s'étonne d'être là quand le frère bien-aimé, quand le jeune ami trois fois cher a disparu pour toujours.

*
* *

Mais reprenons le douloureux récit :

Les amis, les frères d'armes n'avaient pas abandonné le corps frappé du coup mortel. Cette dépouille inanimée, ce noble débris d'une si jeune existence brusquement évanouie dans la mort, fut reconquis sur le champ de bataille.

Juste, ramené dans la Haute-Loire, repose du moins, comme c'eût été l'un des plus ardents de ses vœux, dans la terre préférée de la petite patrie.

Il n'y a pas encore bien des jours, de simples et dignes funérailles ont groupé autour de ce deuil de nombreuses populations du pays. De loin, des amis sont venus; et tous ont tenu à honneur de témoigner de la part généreusement prise à cette grande douleur

D'autres frères d'armes du mort, les blessés revenus du même combat, un digne vétéran aussi, le commandant Falcon, dont le juste renom fut conquis dans des guerres moins douloureuses, ont prononcé, dans le champ du dernier repos, de nouveaux et sincères éloges et l'adieu suprême que doit le pays à ceux qui surent bien mourir.

.*.
* *

...Oui, je l'indiquais en commençant, le malheur a pris ici une cruelle revanche, une brusque et impitoyable revanche des prospérités qui semblaient le défier.

Il s'est fait là un deuil irréparable!... Et cependant les glorieux ancêtres, tous ces La Tour-Maubourg, prodigues de leur sang sur les champs de bataille de la vieille France, comme de la France moderne, s'il leur fut donné d'accueillir au seuil de l'éternité le noble enfant dont le cœur appartînt tout entier à la famille, à la patrie et à Dieu, auront-ils songé à le plaindre, le voyant si jeune, mais si complètement digne d'eux?

CH. C. DE LA FAYETTE.

LE PUY. — TYP. ET LITH. M.-P. MARCHESSOU.

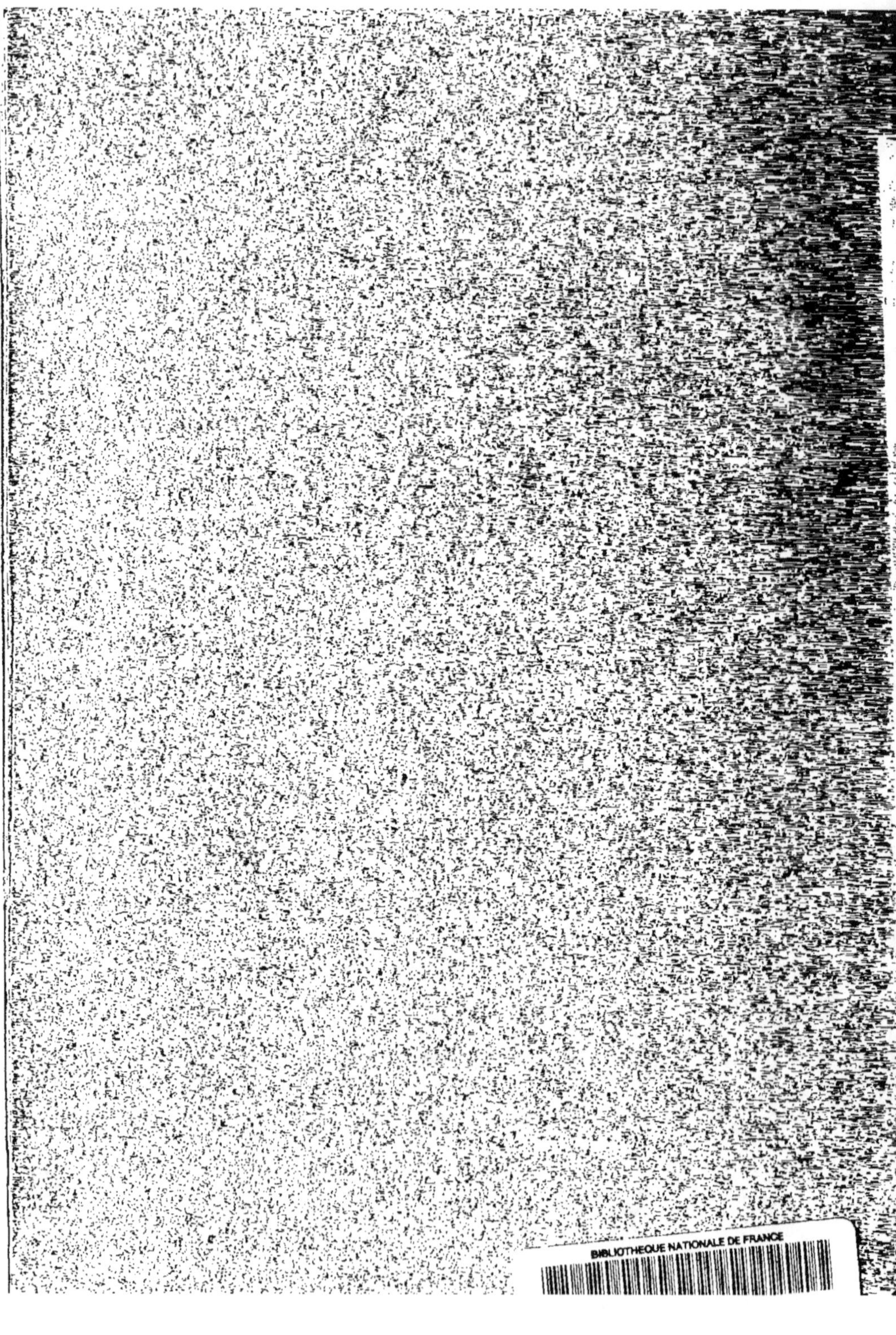

www.ingramcontent.com/pod-product-compliance
Lightning Source LLC
Chambersburg PA
CBHW051410060726
47596CB00005B/2153